W0343584

CIP-Kurztitelaufnahme der Deutschen Bibliothek
Lane, Margaret:
Der Biber / Margaret Lane. Ill. von David Nockels.
[Aus d. Engl. von Ilse Walter].
– Wien; Heidelberg: Ueberreuter, 1981
Einheitssacht.: The beaver ‹dt.›
ISBN 3-8000-1218-9

NE: Nockels, David:

J 1276/1
Alle Rechte vorbehalten
Aus dem Englischen von Ilse Walter
Originaltitel „The Beaver“, erschienen im Verlag
Methuen/Walker Books, London
Text © 1981 by Margaret Lane
Illustrationen © 1981 by David Nockels
© der deutschen Ausgabe 1981 by Verlag
Carl Ueberreuter, Wien-Heidelberg
Printed in Italy

Der Biber

Margaret Lane

Illustriert von

David Nockels

Ueberreuter

Die Biber leben an Flüssen in den Wäldern nördlich gelegener Länder. Ihre Behausungen bauen sie selbst. Ein Biberpaar wählt einen Platz am Ufer eines Flusses und beginnt einen Damm zu errichten, so daß das Wasser steigt und der Fluß sich zu einem Teich erweitert. Auf diese Weise liegen die Eingänge zu der Behausung unter Wasser, und die Biber sind vor Feinden sicher.

Zu Beginn fällen sie eine Anzahl kleiner Bäume, indem sie die Stämme mit ihren langen, scharfen, orangefarbenen Zähnen ringförmig umnagen und dann zerteilen. Diese Klötze schleppen sie samt den Ästen zum Ufer des Flusses. Dort bleiben sie liegen, bis die Biber sie im Wasser versenken, mit Schlamm aneinanderfügen und mit Steinen beschweren. Dabei gehen die Biber auf den Hinterfüßen und tragen den Schlamm und die Steine zwischen Vorderfüßen und Kinn, nicht aber auf ihrem breiten, flachen Schwanz, wie man früher häufig annahm.

Das ist eine harte Arbeit, aber der Biber ist ein kräftiges Tier. Sein dickes kastanienbraunes Fell aus Woll- und Grannenhaar schützt ihn im kalten Wasser und hält ihn warm. Der Biber ist im Wasser genauso zu Hause wie am Land und ein ausdauernder Schwimmer. Sein schuppiger Schwanz dient ihm als Steuer, seine Hinterfüße tragen Schwimmhäute. Unter Wasser kann er den Atem bis zu fünf Minuten anhalten, manchmal sogar länger.

Biber arbeiten meist in der Nacht. Sie fällen die Bäume im Frühling und Frühsommer und lassen sie liegen, bis sie im Herbst darangehen, ihren Damm auszubessern oder ein neues Haus zu bauen. Dieses Haus, »Burg« genannt, wird am Ufer eines Flusses, am Ende des Dammes oder auf einem Stapel von Klötzen errichtet, die in den Grund des Flusses gesteckt sind. Die Burg ist hügelförmig aus Ästen und Steinen aufgeschichtet, sehr geräumig im Inneren und hat ein gewölbtes Dach, das die Biber mit Schlamm verputzen. Es gibt einen eigenen Vorratsraum, der aus Schlamm und Zweigen erbaut ist. Im Winter friert der Schlamm und wird hart wie Stein.

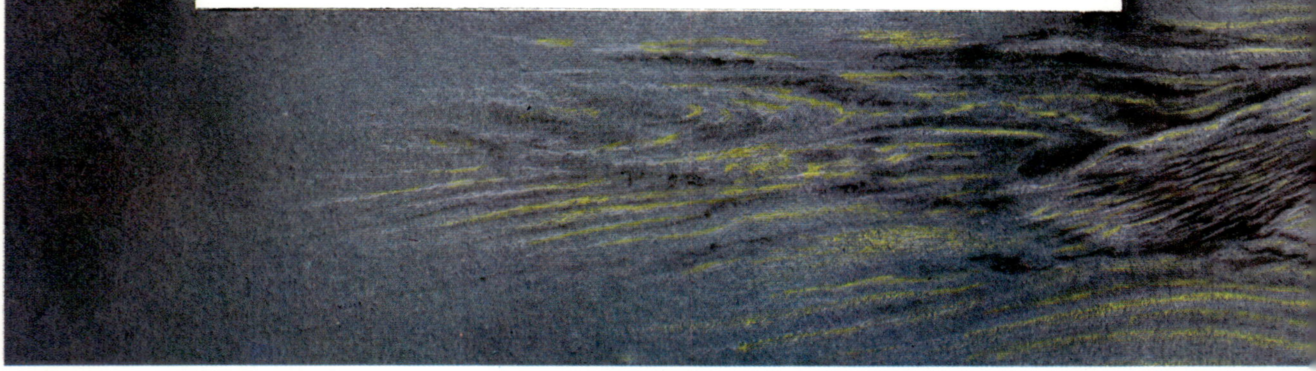

Die Biber lassen winzige Spalten und Löcher im Dach frei, damit Luft in den Bau dringen kann. Dann graben sie Tunnels von ihrer Burg zu Ausgängen tief unter Wasser. Sie sind so eifrige Baumeister, daß auch zahme Biber diesem Instinkt folgen. Ein als Haustier gehaltener Biber errichtet in der Ecke eines Zimmers einen Damm aus Schuhen, Kleiderbürsten und Büchern – oder was immer er findet – und sitzt dann zufrieden obenauf. Daß es hier keinen Fluß gibt, ändert nichts an der Sache. Wenn er Wasser fließen hört, beginnt er zu bauen, auch wenn es aus der Leitung kommt.

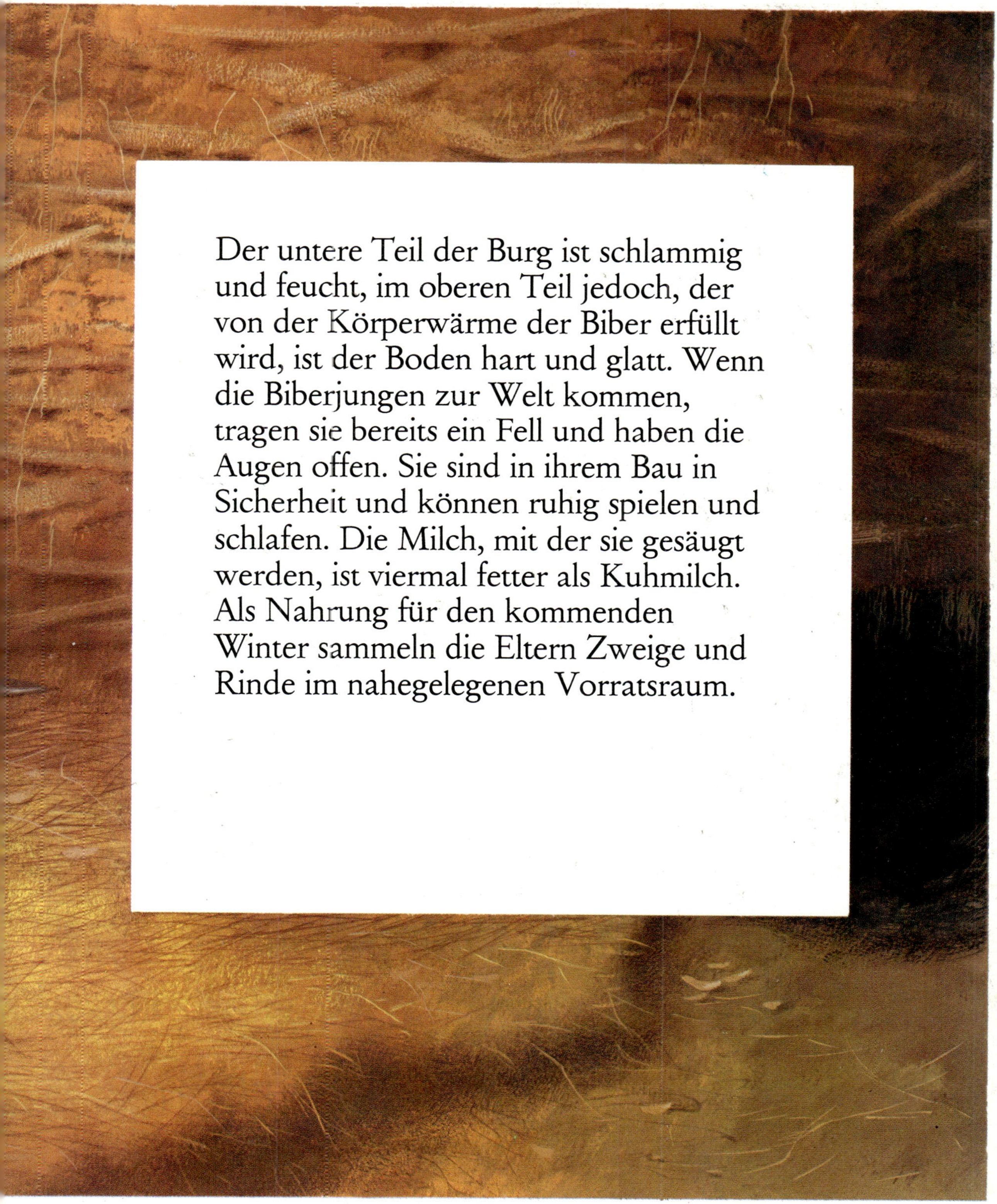

Der untere Teil der Burg ist schlammig und feucht, im oberen Teil jedoch, der von der Körperwärme der Biber erfüllt wird, ist der Boden hart und glatt. Wenn die Biberjungen zur Welt kommen, tragen sie bereits ein Fell und haben die Augen offen. Sie sind in ihrem Bau in Sicherheit und können ruhig spielen und schlafen. Die Milch, mit der sie gesäugt werden, ist viermal fetter als Kuhmilch. Als Nahrung für den kommenden Winter sammeln die Eltern Zweige und Rinde im nahegelegenen Vorratsraum.

Im Alter von vier Tagen können die Jungen schwimmen, und nach zwei Monaten sind ihre Zähne kräftig genug für einen Rinden-Wurzel-Salat. Obwohl sie an Flüssen und Teichen leben, fangen und fressen die Biber – anders als die Otter – keine Fische. Sie nähren sich von Rinde und Zweigen, von jungen Blättern und Knospen, von Gras, Nesseln und den Wurzeln von Wasserpflanzen. Die Biber Nordamerikas bevorzugen eine bestimmte Sorte von Seerosen mit knackigen Wurzeln und Stielen wie Kohlstrünken.

Die Biber putzen ihr Fell – auch gegenseitig – mit Krallen und Zähnen. Die Burg wird sehr sauber gehalten, denn sie entledigen sich allen Schmutzes, wenn sie im Wasser schwimmen. In einem Hautsack unter ihrem Schwanz befindet sich ein nach Moschus riechender Stoff, mit dem sie ihre Duftmarken anbringen und den man Bibergeil oder Castoreum nennt. Dieser Stoff wurde von den Menschen früher zur Parfümgewinnung gesammelt.

Die jungen Biber – meist sind es vier – leben bei den Eltern, bis sie zwei Jahre alt sind. Wenn es dann Frühling wird, beginnen die Jungen Ausschau nach einem Platz zu halten, an dem sie bauen und eine Familie gründen können. Falls sie nicht selbst gehen, werden sie von den Eltern hinausgeworfen, denn die Biber halten sich an strenge Regeln, und die Jungen lernen, ihnen zu gehorchen. Ein Biberpaar bleibt das ganze Leben beisammen, das heißt etwa zwanzig Jahre.

Der größte Feind des Bibers ist der Wolf, gelegentlich auch der Bär, ja sogar Fuchs und Luchs, die im Winter hungrig umherstreifen, können ihm gefährlich werden. In seiner Burg ist er sicher, wenn er jedoch draußen im Wald nach Nahrung sucht, muß er auf der Hut sein. Manche Biber graben Gänge oder »Tauchlöcher« in den Boden, um sich verstecken zu können, sobald ein Feind auftaucht. Wenn sie während des Schwimmens Gefahr wittern, peitschen sie zur Warnung mit ihrem Schwanz das Wasser.

Früher gab es in Europa, Asien und Nordamerika Scharen von Bibern, doch wurden sie jahrhundertelang so sehr gejagt, daß sie beinahe ausstarben. In kalten Ländern trägt man noch heute im Winter Mützen und Kragen aus Biberfell, und es ist nicht allzu lange her, da wurde Biberhaar sogar zu Hutfilz verarbeitet. Jäger und Fallensteller erzielten hohe Preise für die Felle. Die amerikanischen Indianer jagten die Tiere auch ihres Fleisches wegen und verwendeten die scharfen Zähne als Messer und Meißel.

Heute können die Biber wieder unbehelligt leben. Sie bauen ihre Dämme in den Wäldern Nordamerikas, in Skandinavien und in Teilen der Sowjetunion. Ihre Burg ist nach wie vor ihr bester Schutz, vor allem wenn sie mit Eis überzogen ist. Das Innere wird von den Körpern der Biber warm gehalten, und wenn auch die Wölfe hungrig den Bau umstreifen, angezogen von der Witterung, die sie durch das Dach aufnehmen, haben sie doch keine Möglichkeit, einzudringen. So hausen die Biber sicher und wohlbehalten in ihrer Burg, unter Schnee und Eis, geschäftig wie eh und je.